Wohninspirationen von BusseSeewald

Urban Retro

Inhalt

WOHNZIMMER —————————————————— 4

ESSZIMMER —————————————————— 40

KÜCHEN —————————————————— 70

SCHLAFZIMMER —————————————————— 100

KINDERZIMMER —————————————————— 122

BADEZIMMER —————————————————— 142

ARBEITSZIMMER —————————————————— 158

KLEINE STILKUNDE —————————————————— 174

ADRESSEN —————————————————— 182

Impressum —————————————————— 184

01
Wohnzimmer

Wohnzimmer

Als wahres Herzstück unseres Zuhauses genießt das Wohnzimmer in Sachen Raumgestaltung einen besonderen Stellenwert. Mit der zunehmenden Begeisterung für den Vintage-Stil stürzt man (und frau) sich wieder gerne in vergangene Dekaden und schreckt auch nicht davor zurück, Möbel verschiedener Epochen und Stile miteinander zu kombinieren. Während das Sofa den gestalterischen Mittelpunkt darstellt, sind ansonsten alle erdenklichen Kombinationen erlaubt: ikonische Leuchten, zeitlose Sessel, skandinavische Beistelltische, Möbel im Industriedesign und Tapeten und Wandfarben, die vor zwanzig Jahren undenkbar gewesen wären. Das Ergebnis kann sich sehen lassen, überzeugen Sie sich selbst!

Das Haus der 1950er-Jahre entpuppt sich als reiche Inspirationsquelle für die Gestaltung des Wohnzimmers. Die Ausstattung umfasst geschickt kombinierte Möbel aus verschiedenen Epochen, die bestens miteinander harmonieren: Wohnleuchten aus den 1940er-, einen italienischen Barschrank aus den 1970er- und dänische Möbel aus den 1950er-Jahren wie etwa der Sessel und der Beistelltisch in Palisander. Dazu ein perfekt dosierter Hauch Ethnostil, der durch farbenfrohe Berberteppiche mit geometrischen Formen erzeugt wird.

WOHNZIMMER / 11

LINKS.
Das moderne Wohnzimmer ist mit mehreren emblematischen Designerstücken ausgestattet, darunter dem berühmten Leuchtpilz „Nesso" (1. Platz beim Wettbewerb des Mailänder Studios Artemide/Domus 1965). Seine verspielte Form und das knallige Material aus Kunststoff spiegeln den Geist und den Geschmack jener Zeit genau wider. Der Tisch im Essbereich ist von den ikonischen Stühlen von Harry Bertoia (1952) und den berühmten Modellen der „Serie 7" (1955) von Arne Jacobsen umstellt.

DIESE SEITE.
Die Wiederverwertung von Industriemöbeln ist ein wesentlicher Bestandteil des Vintage-Stils. Die Objekte sind funktionell und sorgen mit ihrem metallischen und rauen Look für einen tollen dekorativen Effekt. Hier sehen wir einen alten Spind, der zu einem Bücherschrank umfunktioniert wurde, stilvoll kombiniert mit einem Beistelltisch aus den Siebzigerjahren (Architektur: Isabelle Chesneau).

Der in neutralen Farben gehaltene Raum vereint emblematische Designerobjekte mit wiederverwerteten Fabrikaten und Industriemöbeln. Zu erkennen sind etwa die Leuchten „Standard" von Jieldé, Kultobjekte der französischen Industriekunst, die Stühle „RAR" (Rocker Armchair Rod, 1948) von Charles & Ray Eames, der Hocker „Butterfly" von Sori Yanagi (1954) und der Ledersessel AA (1938) von Airborne (Architektur: Maurice Padovani).

14 / WOHNZIMMER

DIESE SEITE.

*In den 1950er-Jahren eine der Trendfarben schlechthin, feiert das intensive Blaugrün
heute ein Comeback als Wandfarbe und verleiht dem Raum einen Hauch von Eleganz.
Auf nur einem Wandstück aufgetragen, setzt die Farbe die Beistelltische mit schräg
nach außen verlaufenden Tischbeinen (im skandinavischen Stil der Fünfziger) und
das schokoladenbraune Ledersofa perfekt in Szene.*

WOHNZIMMER / 15

DIESE SEITE.
Auf kleinen Messingbeinen thronend machen die charmanten Sessel „Lady" von Marco Zanuso (Arflex) diese zeitgenössische Leseecke zu einem stil- und fantasievollen Hingucker. Ganz nebenbei bringen die beiden Ikonen des italienischen Designs der 1950er-Jahre die schöne Nüchternheit der Guéridons im Directoire-Stil hervorragend zur Geltung.

16 / WOHNZIMMER

In diesem Steinhaus aus dem 16. Jahrhundert, dessen ursprünglicher Charme bestens erhalten blieb, wurde bei der Innengestaltung ganz auf Vintage- und Industriestil gesetzt. Während die Hängeleuchte „Balls" mit Perlmuttkreisen aus der Hand von Verner Panton an die Siebziger erinnert, sind mit dem Sessel in senfgelbem Samt auch die 1950er-Jahre vertreten. Eine Ballonflasche aus Glas und konvexe Spiegel machen den eklektischen Stil perfekt.

WOHNZIMMER / 19

LINKS.
Auf einem alten Apothekerschrank finden diverse Dekoartikel Platz, die sich vor einem Pop-Art-Bild von Romain Gellusseau präsentieren. Die apfelgrüne Leuchte aus den 1970er-Jahren und der von Mathieu Matégot entworfene Stuhl „Nagasaki" mit Rückenlehne aus perforiertem Blech (1954) bilden ein originelles Ensemble, das für gute Laune sorgt.

DIESE SEITE.
Der aus dem Leder einer alten Gymnastikmatte gefertigte Beistelltisch, der die Leseecke vor dem Bücherregal schmückt, ist wirklich außergewöhnlich. Die Anrichte im Jugendstil der 1940er-Jahre zeigt stolz ihre weiche Rundung, während ein Ventilator an die 1930er-Jahre erinnert (Aquarell von Calum Fraser; Innenarchitektur: Hubert Marchand).

Das ganz in Weiß gehaltene Wohnzimmer dieses Anbaus aus den Dreißigerjahren enthält diverse Designermöbel und -objekte und positioniert sich damit klar als Raum mit Charakter. Zu dem stilvollen Mobiliar gehören unter anderem die von einer Fledermaus inspirierte Leuchte „Pipistrello" (1965) von Gae Aulenti (Teil der Dauerausstellung des MoMA) und der Sessel mit Fußhocker (1957) von Arne Jacobsen (Architektur: Philippe Demougeot).

LINKS.
Ganz im Stil der 1950er-Jahre teilen sich Neuauflagen und Kreationen voller Inspiration den Raum in einem Mix aus unterschiedlichen Motiven, Farben und Materialien.

DIESE SEITE.
Hier will man sich einfach nur zusammenrollen und im Kreis drehen! Der Sessel „Ballon" – auch „Globe" genannt – wurde 1963 von Eero Aarnio für Adelta entworfen (Bild aus den 1970er-Jahren von einem Flohmarkt).

Die Mischung verschiedener Stilrichtungen macht den ganzen Charakter dieses Hauses aus. Die von Andy Warhol inspirierten Bilder, die allerdings vom Besitzer selbst stammen, der Beistelltisch aus Plexiglas im Stil der Siebziger und die Stehlampe, die an das Design des Garderobenständers „Hang It All" von Eames aus dem Jahr 1953 erinnert, frischen das leuchtende Weiß des künstlerisch aufgemachten Wohnzimmers mit Pop-Art-Akzenten auf.

Schon gewusst?

In den 1950er-Jahren beschlossen Charles & Ray Eames, den berühmten Clubsessel ihrer Zeit anzupassen. Nach jahrelanger Denkarbeit entstand schließlich der „Lounge Chair", eine leichtere, zeitgemäßere, elegantere und sogar komfortablere Version des englischen Vorgängers. Der Sessel ist sicherlich eine der bekanntesten Schöpfungen der beiden Designer und gehört inzwischen zu den großen Klassikern des modernen Möbeldesigns.

Dieses ehemalige Fabrikgebäude wurde in ein wohnliches Loft im Urban-Retro-Stil verwandelt. Unter den originalen Glasfenstern geben sich der berühmte Sessel „Lounge" und sein Fußhocker „Ottoman" von Charles & Ray Eames zu erkennen, zwei zeitlose Kumpanen, die seit ihrer Entstehung im Jahre 1956 unzählige Nachahmer gefunden haben. Ein riesiger, auf einem Flohmarkt ergatterter Buchstabe, der sich hilfsweise als Regal anbietet, macht den Industriestil unverkennbar.

DIESE SEITE.
Zum Inventar des ultramodernen Wohnzimmers gehören eine Reihe von Bücherregalen sowie die Sessel und Stühle „DAR", „DAW" und „DSW" von Charles & Ray Eames – umgeben ist alles von einem nüchternen Farbspektrum aus Weiß, Schwarz, Grau und Holztönen.

RECHTS.
In einem interessanten Spiel aus geometrischen Formen werden hier Vintage, Industriestil und Designermöbel in einem Raum kombiniert: So leistet ein Schubladenschrank aus den 1960er-Jahren einem Beistelltisch aus einfachen Holzbrettern und einem Siebzigerjahre-Sessel aus Metalldrähten Gesellschaft.

In dem Wohnzimmer dieses Hausbootes vermischt sich zeitgenössisches Design mit Einrichtungsgegenständen verschiedenster Epochen und Stilrichtungen. Selbstbewusst frischen einige gezielt platzierte Elemente den Raum auf: ein Sideboard aus den 1930er-Jahren, zwei einladende, im Original belassene Clubsessel und ein Stuhl mit weißer Sitzschale aus den 1950er-Jahren.

Charmant gleicht der Hängesessel „Bulle" von Eero Aarnio (1968), ein absoluter Klassiker des Industriedesigns, die Geradlinigkeit des restlichen Mobiliars aus (Architektur: Frédéric Cauvin und Alex Prigent).

DIESE SEITE.
Wie am Beispiel des Wohnzimmers erkennbar ist, setzten die Besitzer dieses Hauses aus dem 20. Jahrhundert mit den ergonomischen Kultsesseln „AR02" aus Nussholz und Stahl (Janine Abraham & Dirk Jan Rol, Yota design, 1957) und dem zeitlosen Beistelltisch „N-50" von Isamu Noguchi (1944) auf eine Neugestaltung ganz im Stil des Urban-Retro-Looks.

DIESE SEITE.
Das in warmen Farben gehaltene Wohnzimmer verbindet Retro-Farben wie das Senfgelb der Wände mit sorgfältig ausgewählten Designerstücken: ein auf dem Flohmarkt ersteigerter Ledersessel, die zeitlose Leuchte „Pipistrello" von Gae Aulenti und die übergroße Stehlampe „Arco" von Achille Pier Giacomo Castiglioni, beide Designer aus Mailand (Bilder: Brems).

Manche Designermöbel besitzen einen unglaublich starken Eigencharakter, sodass sie allein schon ausreichen, um einen Raum zu beleben. So ist es auch mit den beiden Sesseln „LCW Lounge Chair Wood" aus den Jahren 1945/46 von Charles & Ray Eames. In dem von hellen Holztönen dominierten Raum sorgen sie mit ihrer niedrigen Struktur für die Gemütlichkeit, die in keinem Wohnzimmer fehlen darf. Der höhenverstellbare Guéridon von Eileen Gray (1927) ist ein absoluter Klassiker und passt perfekt zum gläsernen Beistelltisch (Architektur: Franck Sabatier).

In dem alten Postgebäude werden die verschiedensten Stile fröhlich miteinander kombiniert: Auf dem Boden ein Kuhleder, die Vorhänge in einstigen Modefarben im Batik-Look, Ledersessel von Airborne – alles in allem eine nostalgische Erinnerung an die 1970er-Jahre (Bilder: Franck Lemasson).

02
Esszimmer

Esszimmer

In den 1950er-Jahren passt sich die Welt des Designs den tiefgreifenden Veränderungen und dem neuen Lebensstil der Nachkriegszeit an. Es entstehen neue Lebensräume – mit genau aufeinander abgestimmten Möbeln. In der Designwelt ist die Zeit des Wiederaufbaus daher auch die Zeit der „Garnituren": Man kaufte sich ein Esszimmer als Gesamtpaket, inklusive Tischen, Stühlen, Anrichte usw. Unser heutiger Stil lässt eine Vielzahl verschiedener Einflüsse zu – etwa einen skandinavischen Tisch, kombiniert mit alten Schulstühlen oder emblematischen Designersesseln. Man greift alte, zeitweise vergessene Materialien wie Palisander und Nuss wieder auf und schlägt damit eine Brücke zu den Ursprüngen unserer modernen Wohnkultur. Eine Rückkehr, die sich lohnt!

Stilistisch gesehen sind die Entwürfe von Jean Prouvé und René-Jean Caillette ein Traumpaar: Der Fünfzigerjahre-Tisch „EM" von Prouvé mit seinem charakteristischen Metallsteg ist von den farbenfrohen, leichten Stühlen „Coccinelle" von Caillette (1957) umstellt, die sich mit alten Schulstühlen aus den 1960er-Jahren abwechseln. Ein perfekt abgestimmtes Esszimmer!

ESSZIMMER / 47

LINKS.
Umgeben von den Stühlen „Panton Chair" von Verner Panton (Vitra, 1960) entfaltet der moderne Tisch eine ganz andere Wirkung. Der international bekannte Stuhl war der erste Kunststoffstuhl der Welt, der in einem Stück geformt wurde.

DIESE SEITE.
Stolz präsentieren die von Baumann inspirierten Stühle aus den 1950er-Jahren ihre Zeitlosigkeit und anmutig geschwungenen Konturen. Ihr Holzton verleiht dem Esszimmer mit seinem mächtigen Tisch in Weiß Herzlichkeit und Wärme. Ein Aktenschrank aus den 1930/1940er-Jahren macht den Stil perfekt (Triptychon: Catherine Lê-Van).

Eine weiße Stuhlserie umrahmt den Massivholztisch mit weißem Untergestell, wobei zeitgenössische Modelle mit unvergessenen Kultobjekten kombiniert werden: Sofort ins Auge fallen etwa der famose Metallstuhl von Bertoia (Knoll) und „Tulip" von Eero Saarinen (Knoll). Der schwarze Aktenschrank im Industriedesign von Roneo kommt ebenfalls zum Einsatz.

50 / ESSZIMMER

DIESE SEITE.
Unter dem wohlwollenden Blick eines Porträts aus dem 18. Jahrhundert wird in dieser Wohnung ein stilistisch ungeheuer breiter Spagat versucht – und das mit Erfolg! Während an der Wand über dem von Vintage-Stühlen umrahmten Tisch eine Sammlung von Votivbildern hängt, thront die Leuchte „Bourgie" (2004) von Ferruccio Laviani (Kartell), eine Ikone des zeitgenössischen Designs, in dem eklektischen Ensemble wie eine Königin auf dem Tisch.

ESSZIMMER / 51

DIESE SEITE.
Der 1950 von Charles & Ray Eames entworfene Stuhl „DSW" ist in der Welt des Designs eine unbestrittene Stilikone. Mit seiner Sitzschale aus Polypropylen oder Glasfaser und seinen schlanken Füßen aus Nussholz hat das leichte und zeitlose Modell schon Einzug in unzählige Räume gehalten.

Man kann sich nur zu gut vorstellen, wie diese Vintage-Stühle aus Metallröhren vor ihrem Einsatz in diesem Loft im New-Yorker-Stil jahrzehntelang in einem Garten oder auf der Terrasse eines Cafés gedient haben. Dazu gesellen sich ein langer, rechteckiger Metalltisch und eine Reihe hängender Handlampen (Bilder: Benoit Chavane).

54 / ESSZIMMER

DIESE SEITE.
Umgeben von Industriestühlen von Bienaise werden auf dem langen Tisch im Esszimmer alte Laborkolben aus den 1920er-Jahren innovativ zu Stielvasen umfunktioniert. Ein Industrieschrank aus Eisen, ebenfalls aus den 1920er-Jahren, dient hingegen als Geschirrschrank (Architektur: Nathalie Dhenin, Bilder: Paolo Ventura).

RECHTS.
Der Schrank „DF 2000" von Raymond Loewy stammt aus dem Jahre 1965 und erlebt gerade eine neue Blütezeit. Mit seiner Front in ABS-Rot sorgt er in dem Esszimmer im Industriestil für einen kräftigen Farbklecks.

ESSZIMMER / 55

Schon gewusst?

Als meist dreh- und höhenverstellbare Multitalente sind Hocker heutzutage eine stilvolle Ergänzung für Esstische und Kücheninseln. Der Stuhl von Bienaise wurde in den 1920er-Jahren entworfen und von den Gebrüdern Nelson in den gleichnamigen Werkstätten hergestellt. Eine auf der Rückenlehne angebrachte Plakette mit der Aufschrift „siège Bienaise breveté SGDG" oder eine entsprechende Prägung bestätigen das Möbelstück als Original.

Die Gestaltung dieses Raumes steht ganz im Zeichen des dänischen Stils. Tapeten, die unweigerlich an die 1970er-Jahre erinnern, bilden eine passende Kulisse für die Esszimmergarnitur aus Teakholz von Harry Oestergaard. Die ausziehbaren Tische aus den 1960er-Jahren sind eine Meisterleistung des Designs: Schlicht und unaufdringlich bieten sie Platz für bis zu zwölf Personen. Das Wandregal, ebenfalls typisch aus jener Zeit, ist ein Entwurf von Poul Cadovius.

Schon gewusst?

In den 1950er-Jahren tüftelte der berühmte Innenarchitekt Poul Cadovius an einem Aufbewahrungssystem, bei dem maximale Funktionalität und der individuelle Charakter eines Raumes Hand in Hand gehen sollten. So entstand in den 1960er-Jahren schließlich das „Royal System", bestehend aus einzelnen Modulen mit einfacher Montage. Daraus entwickelte der Däne mehrere Kollektionen, abwechselnd in Palisander, Eiche, Nuss und Wenge.

Mit Zurückhaltung und Eleganz beansprucht der Essbereich dieser Wohnung nur eine kleine Ecke des Wohnzimmers. Der moderne Satztisch aus Glas von Jean Nouvel ist umstellt von komfortablen und leichten Vintage-Stühlen – alles perfekt aufeinander abgestimmt.

Vorbei die Zeit, in der Schulmöbel höchstens in Kinderzimmern genutzt wurden: Altes Schulinventar im Industrie-Look steht hoch im Kurs. Die Schulstühle in diesem Raum wurden in vier Farben gestrichen und präsentieren sich heute neben dem ehemaligen Werkstatttisch als schicke Esszimmerstühle.

DIESE SEITE.
Ein Raum voller Kontraste: Der Tisch aus der dicken Teakholz-Platte wird von den berühmten Stühlen von Bertoia (Knoll) brillant in Szene gesetzt, während das Sideboard im Ethno-Stil und die einfachen Hängeleuchten aus Naturfasern den Stil dieses Esszimmers perfekt abrunden (Bild: Lilly).

RECHTS.
In diesem Haus am Meer ergänzen sich die weiße Täfelung und der Vintage-Stil des Essbereichs optimal. Über dem schmalen Tapeziertisch hängen zwei Industrieleuchten, die an Seilrollen befestigt sind. Passend zu der heimeligen Atmosphäre des Hauses fiel die Wahl der Stühle auf das Modell „DSW" der Eheleute Eames mit weißer Sitzschale.

Während die ursprünglichen Charakterzüge dieser ehemaligen Fabrikhalle noch gut erkennbar sind, besteht der Essbereich des lichtdurchfluteten Lofts heute aus einem einfachen Tisch aus dem Einzelhandel und einem Mix aus Schulstühlen und schicken Fünfzigerjahre-Stühlen, die für den nötigen Pepp sorgen (Gestaltung: Romain Bernier).

64 / ESSZIMMER

Schon gewusst?

Der erste serienproduzierte Stuhl aus verzinktem Blech geht auf den französischen Designer Xavier Pauchard zurück. 1934 entwarf er die berühmte „Chaise A", die heute sowohl im MoMA als auch im Centre Pompidou zu sehen und inzwischen in zahlreichen Trendfarben erhältlich ist.

DIESE SEITE.
Die Faszination des Esszimmers dieses ehemaligen Bauernhauses liegt in den geschickt kombinierten Kontrasten, sowohl die Mischung aus Landhausstil und skandinavischem Design als auch die Größe der Objekte betreffend. So hängt zum Beispiel die überdimensionale Leuchte „Turbo" von Louis Weisdorf von der Decke: Das 1965 entworfene Meisterwerk besteht aus zwölf Aluminiumlamellen, deren spiralförmige Anordnung die weichen Linien einer Blume imitiert. Durch das ausgetüftelte Design kommt das Licht wunderschön zur Geltung und dank der vertikalen Lamellen bleibt die Leuchte so gut wie staubfrei. Ebenfalls ins Auge stechen die unverkennbaren Stühle „DSR" (1950er-Jahre) von Charles & Ray Eames.

RECHTS.
Im Beisein von mit Kunstleder überzogenen Stühlen aus den 1950er-Jahren und dem Stuhlpaar „Tolix" von Xavier Pauchard (1934) feiert der Tisch aus gebeizter Pitchpine unter dem gigantischen Kronleuchter sein ganz persönliches Comeback.

ESSZIMMER / 67

LINKS.
Im Zentrum des Esszimmers steht eine Werkbank im Military-Stil, die auf einem Flohmarkt erbeutet wurde. Um den Raum etwas wärmer zu gestalten, wählten die Besitzer Stühle mit thermogeformter Sitzschale und Schafslederüberzug aus den 1950/1960er-Jahren (Architektur: Alban Flipo).

DIESE SEITE.
Die Besitzer des Hauses aus den 1950er-Jahren richteten den Raum mit sichtbar gutem Geschmack und größter Sorgfalt ein. Antikmöbel, Berberteppiche und Vintage-Möbel bilden eine harmonische Einheit, die auch den großartigen dänischen Tisch in Palisander (1950er-Jahre) und die dazu passenden Stühle umfasst.

/ ESSZIMMER

DIESE SEITE.
Immer wieder tauchen sie auf: Die Stühle „A" von Tolix, die kürzlich ihren 80. Geburtstag feierten. Durch ihr geniales Design passen sie in fast jeden Raum und gehören unter Anhängern des Industriestils zu den absoluten Lieblingsstücken. Der Stahlblechstuhl ist seit seiner Erstherstellung im Jahre 1934 ein voller Erfolg. Kein Wunder, denn das Leichtgewicht ist nicht nur extrem widerstandsfähig und pflegeleicht, sondern war auch zu einem vernünftigen Preis erhältlich.

RECHTS.
Das Esszimmer dieses Ferienhauses hat alles, was das (stilbewusste) Herz begehrt: einen großzügig geschnittenen Tisch mit robuster Tischplatte, Vintage-Stühle mit elegant geschwungenen Füßen und ein dezentes Farbspektrum unaufdringlicher Erdtöne.

03
Küchen

Küchen

Um auch die Küchen in Sachen Stil nicht außen vor zu lassen, haben Vintage-Ikonen auch dort längst Einzug gehalten – etwa in Form von Sesseln, Stühlen, Barhockern und anderen Elementen, die entweder aus dem Sortiment spezialisierter Flohmarkthändler stammen oder von Designern neu herausgebracht wurden. Einen besonderen Stellenwert nehmen dabei Hängeleuchten aus Metall und Kugelleuchten aus den 1950er-Jahren ein. Weit mehr als einfache Lichtquellen über Tischen und Kücheninseln, werden sie im Industriestil oftmals zum zentralen Blickfang des Raumes. Die klare Linienführung moderner Möbel passt nur zu gut zu den auffälligen Leuchten, die den Küchen einen ganz eigenen Charakter geben.

DIESE SEITE.
Um den Tisch der modernen Küche (Habitat) befinden sich vier Exemplare des berühmten „Plastic Armchair DAR" von Charles & Ray Eames. Das um das Jahr 1950 entworfene Modell besteht aus einer ergonomisch geformten Sitzschale aus glasfaserverstärktem Polyesterharz und einem filigranen Untergestell aus Stahldraht, das ein wenig an die Struktur des Eiffelturms erinnert. Eine leichte und zeitlose Kombination, die perfekt zu den modernen, weiß lackierten Küchenfronten passt. Die Sessel werden heute von Vitra vertrieben.

DIESE SEITE.
Für ihr neu renoviertes Haus in Südfrankreich (in der Nähe von Uzès) wünschten sich die englischen Besitzer Naturtöne, edle Materialien und viel Harmonie. Das Kernstück der gänzlich in naturbelassener Eiche realisierten Küche ist ein aus den Holzböden alter Güterwaggons maßgefertigter Tisch. Passend dazu wählte das Paar höhenverstellbare Bürostühle aus den 1960er-Jahren mit Rückenlehnen aus Holz und metallenen Füßen (Design: Friso Kramer).

DIESE SEITE.
In der modernen, mit Farbakzenten versehenen Küche werden schicke, schwarze Hochglanzfronten mit robusten Holzmöbeln wie etwa einem Vintage-Tisch kombiniert. Als Sitzgelegenheit dienen die Stühle „DSW" von Charles & Ray Eames, deren Oberflächen mit gelbem Vinyl ausgekleidet wurden, sowie Vintage-Bistrostühle aus thermogeformtem Holz (1950er-Jahre) der bekannten Chaiserie Baumann, die zu Beginn des 20. Jahrhunderts zu den bekanntesten Stuhlherstellern Frankreichs gehörte.

KÜCHEN / 77

DIESE SEITE.
Die größtenteils offene Küche macht metallische Effekte zu ihrem eigenen Spiel. Lackierte OSB-Platten und gewachste VIROC-Platten (zementgebundenes Pressholz) gehören dabei genauso dazu wie die Barstühle „Bertoia" von Harry Bertoia (Knoll), die man an dem verchromten Stahlrohrgestell sofort erkennt.

Die Besitzer dieses Hauses im Zentrum von Bordeaux haben ihre Küche ganz nach dem Mix&Match-Prinzip eingerichtet. Auf der einen Seite befinden sich klassische Elemente wie der elegante Herd von J. Corradi, auf der anderen Seite moderne Möbel wie die maßgefertigte, glänzend lackierte schwarze Anrichte. Dazwischen steht ein großer Tisch, bestehend aus einer alten brasilianischen Tür und Metallbeinen von einem Pariser Flohmarkt. Die schwarzen Metallstühle von Tolix und die dazu passenden Wandleuchten (Original BTC) sind die kecke Antwort auf die klassisch gehaltene Holzverarbeitung der Einbauschränke.

Schon gewusst?

Kaum ein Werkstoff wird so eng mit der Geschichte des wirtschaftlichen Aufschwungs nach dem Zweiten Weltkrieg in Verbindung gebracht wie Formica. Das Laminat wurde 1913 von zwei Ingenieuren der gleichnamigen Firma, Herbert A. Faber und Daniel J. O'Conor, erfunden und eroberte den europäischen Markt in den 1950er-Jahren im Sturm. Damals wurde das Material vor allem für die sichtbaren Fronten von Möbeln und besonders Tischen und Küchenstühlen verwendet.

LINKS.
Eine Küche ganz im Vintage-Stil, mit Fußboden in Schachbrettoptik, Kühlschrank von Smeg mit seinen gewölbten Linien aus den 1950er-Jahren, alten Reklameobjekten und einem Tisch und Hockern aus Formica (jeweils originale Flohmarktfunde aus den 1950er-Jahren).

DIESE SEITE.
Diese ehemalige Cidre-Brauerei aus den 1950er-Jahren wurde in ein großes Familienhaus umgewandelt. Wie vor einer schwarzen Leinwand präsentiert sich die völlig offene Küche im modernen Industriestil, mit einer Kücheninsel aus Beton und zwei stylischen Barhocken aus Stahlblech von Tolix (Design: Xavier Pauchard), deren knalliges Orange für eine angenehme Frische sorgt (Architektur: Ancrage).

Die ganz in Weiß gehaltene Küche mit moderner, schlichter Linienführung wird von einem wärmenden Holzboden in alter Eiche getragen. Passend dazu ein Hochstuhl im Retro-Look und drei besondere Hocker, die auf einem Flohmarkt gefunden wurden (Foto: Damien Vassart, eingerahmte Bilder: Lionel Guibout, Bild rechts: Nicolas Alquin).

84 / KÜCHEN

DIESE SEITE.
Auf den oberen Küchenschränken sind alte Siphons und Sodawasserflaschen ausgestellt. Sie beleben den Raum nicht nur mit etwas Farbe, sondern machen die Besucher auch ganz schön neugierig.

KÜCHEN / 85

DIESE SEITE.
Mit ihrer Mücheninsel, die auf einer schmalen Metallstruktur schwebt, und dem dazugehörigen Tresen greift die Küche den feinen Stil und die Eleganz der 1950er-Jahre wieder auf, während die drei Barhocker von Tolix und die metallenen Wangen der offenen Treppe klare Botschafter des Industriestils sind. Der Raumtrenner besteht aus ehemaligen Fensterläden (Bilder: Stéphane Marchand, Lee Frielander, Khalil Nemmaoui, Rinko Kawauchi, Gérard Rondeau).

Die vier Designerstühle „111 Navy Chair" von Emeco lenken in dieser modernen Küche die Aufmerksamkeit auf sich. Die auf der ganzen Welt bekannten Metallstühle aus gebürstetem Aluminium stammen aus dem Jahre 1944 und wurden ursprünglich für die amerikanische Marine entworfen. Ihre Eigenheit liegt vor allem in der Herstellung, die von der ersten Formung bis zum fertigen Stuhl ganze 77 Arbeitsschritte benötigt. Das Ergebnis: ein leichter und gleichzeitig extrem widerstandsfähiger Stuhl (nicht umsonst garantiert der Hersteller eine lebenslange Haltbarkeit!), der sich dank Korrosionsschutz auch im Freien problemlos einsetzen lässt. Kurzum: ein Möbelstück zum Vererben (Architektur: Sophie Eberlé, Atelier 300).

Die Küche dieses vollständig renovierten Bürgerhauses ist mit den berühmten „U-Bahn-Kacheln" (7,5 x 15 cm) ausgestattet. Das Weiß der rechteckigen, abgeflachten Kacheln sorgt in dem ansonsten ganz in Schwarz gehaltenen Raum für die nötige Helligkeit.

Schon gewusst?

Die am Ende des 19. Jahrhunderts in Fabriken in Gien und Choisy-le-Roi hergestellten emaillierten Steinfliesen wurden 1906 in den Pariser U-Bahn-Stationen angebracht, um die langgezogenen Gänge zu erhellen, die damals nur wenig beleuchtet waren. Licht – damals wie heute ein brandaktuelles Thema!

90 / KÜCHEN

DIESE SEITE.
Um den Wohnraum ihres Ferienhauses auf der Île de Ré zu vergrößern, haben die Besitzer den ehemaligen Weinkeller in eine funktionelle und ebenso gemütliche Küche verwandelt. Sie besteht aus Schränken in massiver Eiche, einem klassischen Gasherd und einem großen Hochtisch in der Mitte des Raumes. Die originalen Hocker wurden auf einem Trödelmarkt in der Region ergattert (Architektur: Anne Deniel).

RECHTS.
Dieser Anbau ist im Stil eines New Yorker Lofts eingerichtet und mit gleich mehreren Schmuckstücken des Designs ausgestattet. Von der Decke hängen vier Industrieleuchten von Augustin de Jieldé (Design: Jean-Louis Domecq, 1940er-Jahre) und um den Tresen aus rotem Backstein, der die Küche vom Esszimmer trennt, versammeln sich die unverkennbaren Metallhocker von Tolix.

Um dieser ultramodernen Küche etwas Wärme zu verleihen, wurden an die Seiten des massigen weißen Tischs die berühmten Holzstühle „CH 24" von Hans J. Wegner gestellt, die man auch unter dem Namen „Y-Stühle" kennt. Das Holz der Stühle und des Aufbewahrungsschranks verleihen dem Raum eine angenehme Eleganz.

DIESE SEITE.
Die unter der Leitung von Architekt Philippe Demougeot renovierte Villa des „Meisters des Jugendstils", Hector Guimard, hat nichts von ihrer ursprünglichen Raffinesse verloren. Möbelstücke und Gegenstände verschiedener Epochen und Stile stehen perfekt im Einklang. Auf einem Boden aus Feinsteinzeugfliesen vereint die schlicht-moderne Küche Holzschränke mit Elementen aus Metall, Hängeleuchten im Industriestil von Glashütte Limburg und Navy-Stühle von Emeco.

RECHTS.
Dass das Bewohnerpaar dieser Wohnung, einer ehemaligen Apotheke, sich intensiv mit Design beschäftigt, wird auf den ersten Blick erkennbar: Skandinavische Designermöbel treffen auf ausgewählte Retro-Elemente oder ausgefallene Objekte wie etwa dem als Kücheninsel dienenden Kindermöbelstück. Mit seiner ovalen Form und den tulpenförmigen Beinen erinnert der Hochtisch an die Stühle „Tulip Arm Chair" von Eero Saarinen (Knoll) und greift den Stil der 1950er- und 1960er-Jahre wieder auf.

Dieses Hausboot wurde von einem Designer umgestaltet, der – wie man sieht – vor Ideen nur so sprudelt! Geschickt mischt er die unterschiedlichsten Stile und lässt dabei auch die Küche nicht aus, dessen Mobiliar die Geschichte des Bootes in Erinnerung ruft. So finden sich Möbel aus Metallgitter, ein Holztisch mit eisernen Tischbeinen, eine Reihe von Hockern mit Traktorsitzschalen und andere Vintage-Stühle aus dem riesigen Second-Hand-Markt Emmaüs in Paris.

Welten entfernt von den perfekt abgestimmten Einbauküchen und Essgarnituren der 1950er-Jahre hat diese Küche ihren ganz eigenen Charakter. Ein altes Postregal aus Metall wird als Geschirrschrank genutzt, während der Glastisch Designerstühle wie „Fourmi" von Arne Jacobsen und Fritz Hansen sowie auf dem Flohmarkt entdeckte Vintage-Stühle um sich versammelt. Die kugelförmigen Metallhängeleuchten passen perfekt zu den zahlreichen Inox-Elementen der Küche und sprechen die eindeutige Formsprache der 1970er-Jahre.

Zur Abgrenzung von Küche und Wohnzimmer kamen die Architektinnen Gaëlle Cuisy und Karine Martin (GplusK) ganz ohne Trennwand aus und entschieden sich hingegen für ein maßgefertigtes Regal. Die raffinierte Eigenkreation ist Raumtrenner, Ablage, Bücherregal und Sitzbank in einem. Inspiriert von den 1950er-Jahren steht das Regal auf leicht nach außen verlaufenden Regalfüßen.

04

Schlafzimmer

Schlafzimmer

In unseren Schlafzimmern wollen wir ganz bei uns sein. Bei deren Einrichtung gehen wir deshalb besonders sorgfältig vor. Möbel, Dekorationselemente und vor allem die Textilien müssen stimmen, damit dieser privateste aller Räume zu dem gewünschten Rückzugsort der Ruhe und Entspannung wird. So werden hier vor allem Vintage-Möbel mit weichen und bisweilen sogar poetischen Formen gewählt, wie etwa die Leuchten „Pipistrello", Nachttische mit gewölbten Linien sowie organisch geformte Stühle oder Schaukelstühle – also Vintage-Ikonen mit besonderem Augenmerk auf Behaglichkeit und Komfort.

Das Dachgeschosszimmer von Philippe Puron ist ein Stilmix aus Elementen, die für den zeitlosen Charakter eines heimeligen Familienhauses und ausgesuchten Industriestil-Objekten stehen. Besonders ins Auge fallen die auf einem Flohmarkt ergatterte Metallkommode, die Möbelstücke zeitgenössischen Designs und zwei Exemplare der Kultleuchte „Pipistrello" (Gae Aulenti, Martinelli Luce).

DIESE SEITE.
In dem ehemaligen Künstleratelier, das in ein schickes Pariser Loft verwandelt wurde, finden Einfachheit und Funktionalität gleichermaßen Anerkennung. Die Nischen an der oberen Seite des modernen Betts dienen als Bücherregale und für die Nachtlektüre wurden zwei schwarze Retro-Leuchten von Jieldé montiert. Die beiden Adaptionen der ursprünglich in den 1940er-Jahren von Jean-Louis Domecq entworfenen Leuchten sind für Design-Liebhaber ein absolutes Must-have (Grafik von Claude Weisbuch, Druckstock vom Flohmarkt mit ägyptischem Motiv).

RECHTS.
Neben dem Bett hält ein Bürosessel von Alain Richard die Stellung, der in den 1960er-Jahren zur Ausstattung von Tagungsräumen und Empfangszimmern französischer Beamter entworfen wurde. Die Füße des schicken Sessels sind hier verchromt, die Rückenlehne und die Unterseite der gepolsterten Sitzfläche bestehen aus einer thermogeformten Sperrholzplatte in Palisander.

SCHLAFZIMMER / 107

Die orange Mauer und das senfgelbe Kopfteil des Betts spiegeln die Linie der restlichen Zimmer dieses modernen Hauses wieder. Die Designerleuchte „Fortebraccio" von Paolo Rizzatto und Alberti Meda (1996) imitiert bravourös die Formen originaler Industrielampen, während die Stühle „Butterfly" von Delo Lindo (Soca) eine moderne Neuinterpretation alter Klassiker sind (Architektur: Maurice Padovan; Diptychon: Piotr Klemensiewicz).

SCHLAFZIMMER / 111

Schon gewusst?

Der berühmte Stuhl von Bienaise entstand in den 1920er-Jahren und wurde ursprünglich von den Gebrüdern Nelson hergestellt. 1946 wurden die Werkstätten von Roger Blanc und Pierre Feuerbach übernommen und im Zuge dessen auf den Namen „Bienaise" umgetauft. In den 1970er-Jahren stellte die Firma ihre Tätigkeit ein. Die beliebten Stühle sind inzwischen eine teure Rarität. Da es kaum noch Originale gibt, tummeln sich unzählige Kopien auf dem Markt. Seien Sie also vorsichtig: Nur Stühle mit der Plakette „siège Bienaise breveté SGDG" auf der Rückseite der Rückenlehne oder mit eingeprägtem Markennamen sind echt.

LINKS.
Das Elternzimmer im Dachgeschoss präsentiert sich als einladender Rückzugsort in matten Grautönen. Einige ausgewählte Design-Ikonen frischen den Stil auf: der Schaukelstuhl „RAR" von Charles & Ray Eames (Vitra), Metallwandleuchten von Jieldé und der hier als Nachttisch dienende Hocker „Tam Tam" von Henry Massonnet (Branex Design), eine echte Stilikone der 1970er-Jahre (Architektur: Marc Soppo-Priso).

DIESE SEITE.
Naturmaterialien wie Leinen und Holz sowie dezente Erdfarben verleihen dem Zimmer eine herrlich beruhigende Wirkung. Der Besitzer selbst ist ein leidenschaftlicher Flohmarktbesucher und hat von seinen Beutefängen schon mehrere Prachtstücke mitgebracht, wie zum Beispiel die imposante Metalllampe von Jieldé und einen originalen Stuhl von Bienaise aus den 1920er-Jahren.

Der Nachttisch von Jacques Hitier, einem Spezialisten für Industriedesign, greift die typischen Formen der 1950er-Jahre auf und macht das Schlafzimmer mit Unterstützung eines konvexen Spiegels und eines Metallstuhls (jeweils Fundstücke des Atelier Charivari) ganz klar zu einem Beispiel des Urban-Retro-Looks. Um den Nachttisch an die heutige Zeit anzupassen, wurde er grau lackiert (Architektur: Isabelle Chesneau).

114 / SCHLAFZIMMER

SCHLAFZIMMER / 115

LINKS.
So kühl und minimalistisch die Sichtbetonmauern und der gewachste Betonfußboden alleine auch wirken mögen – das farbintensive, zeitgenössische Bild und die beiden Leinensessel des Modells „AA" in Rot und Orange (Airborne) sorgen in dem Raum auf jeden Fall für die richtige Wärme (Bild: Jean-Robert Delpero).

DIESE SEITE.
Der Einfluss der Fünfziger ist in dem Dachgeschosszimmer des Gästehauses Ric & Fer sofort erkennbar – von der Bettwäsche über die Möbel und Leuchten bis hin zur Tapete. Zu dem Ensemble gehören ein Holzschreibtisch mit typischen, nach außen verlaufenden Tischbeinen (Silvera), der Stuhl „DSW" von Charles & Ray Eames (Vitra), eine kugelförmige Nachttischlampe in Weiß (La Case du Cousin Paul), Kissen von Orla Khiely und eine Retro-Tapete von Spears de Ferm Living. Eine gelungene Kombination!

Die Besitzer dieser ehemaligen Apotheke haben ihr neues Familienhaus – inklusive ihrem Schlafzimmer – ganz im Retro-Look durchgestylt. Mit ihrem Bett und dem Nachttisch wunderschön weicher Konturen (Kollektion Fonteyn von Steuart Padwick für made.com), dem kleinen Sessel und dem Schaffell bewegen sie sich dabei gekonnt zwischen skandinavischem Charme und Retro-Stil.

118 / SCHLAFZIMMER

DIESE SEITE.

Bei der Renovierung ihres Hauses aus der Belle Époque versuchten die neuen Hausherren, so viel wie möglich zu erhalten. Der Marmorkamin aus jener Zeit wird hier mit ausgewählten Designerstücken und einigen Vintage-Elementen kombiniert, zum Beispiel mit dem konvexen Spiegel am Kopfteil oder dem Sonnenspiegel aus Goldrohrbambus (Bild: Sandrine Gayet, Foto über dem Kamin: Yan Bin von YellowKorner).

RECHTS.

Die professionelle Flohmarktgängerin Christelle Lechevallier kommt in ihrem Zuhause ganz ohne Neuwaren aus: Ausnahmslos alle Möbel und Dekoartikel sind Second Hand. In dem Gästezimmer dient eine kuriose Holzkiste gleichzeitig als Nachttisch und Ablage für eine originale „SORL" aus den 1950er-Jahren des französischen Künstlers Ferdinand Solère. Die Aluminiumleuchte wurde ursprünglich für Architekten und Grafiker entworfen.

Dieses Schlafzimmer wurde ganz nach dem Mix&Match-Prinzip eingerichtet. Auf einem metallenen Büroschrank, der als Nachttisch dient, posiert eine weibliche Figur aus den 1920er-Jahren als Leuchte, gegenüber steht ein Stuhl aus Metall und Leder aus den 1950er-Jahren (Design: Bergson, Produit Intérieur Brut), über dem Bett hängt ein imposanter Spiegel aus den 1930er-Jahren und ein besonderes Highlight ist der Metall-Glas-Tisch in der typisch runden Form der 1970er-Jahre.

05

Kinderzimmer

Kinderzimmer

Selbst in den Kinderzimmern hält der Urban-Retro-Look immer öfter Einzug, sowohl im Alleingang als auch in Kombination mit anderen Stilen. Stilbewusste Eltern schlendern nunmehr über Flohmärkte und durchstöbern Fachgeschäfte nach alten Schulmöbeln, besonderen Metallleuchten, Designerstühlen, Industrie-Objekten, hübschen Korbmöbeln oder Spielzeug im Retro-Look. Ist die Suche erfolgreich, lassen sie behagliche Zimmer entstehen, in denen es Platz für Spiel und Spaß gibt und gleichzeitig der Blick für das Schöne geschult wird.

So günstig das maßgefertigte Kinderzimmer in der Anschaffung war, so stark ist es im Charakter! Die Schubladen und eine Wand wurden mit einer Vintage-Tapete bekleistert und als Schreibtischstuhl wird ein eigens für Kinder konzipiertes Mini-Exemplar (L 37,6 cm x T 44,6 cm x H 62,8 cm) des berühmten „Panton Chair" genutzt, das auf einen Entwurf von Verner Panton aus dem Jahre 1960 zurückgeht und zu den absoluten Klassikern des Möbeldesigns gehört.

KINDERZIMMER / 129

LINKS.
Von dem kleinen Regal und der Kommode über das Bett und den Beistelltisch bis hin zum Sonnenspiegel: Das Mädchenzimmer wurde ganz dem Werkstoff Bambus gewidmet, der in den 1960er-Jahre unglaublich beliebt war und auch im Vintage-Stil von heute gerne eingesetzt wird. Eine sehr harmonische Kombination!

DIESE SEITE.
Bei der Einrichtung des Dachgeschosszimmers ihres kleinen Sohns setzten die Besitzer auf die Wirkung ausgewählter Vintage-Elemente. Sie besorgten einen roten Metallstuhl aus den 1970er-Jahren und konnten auf dem Flohmarkt neben einem tollen Dreirad noch ein paar alte Spielsachen ergattern. Um den Stil zu unterstreichen, fertigten sie selbst ein Holzbett mit nach außen gerichteten Bettfüßen an, das ebenfalls an vergangene Zeiten erinnert.

KINDERZIMMER

DIESE SEITE.
Mit seinen emblematischen Elementen aus den 1960er-Jahren – siehe Schreibtisch, Holzstuhl mit Metallfüßen und den Beistelltisch aus Holz und Bambus – ist das Kinderzimmer eine Hommage an den Stil der damaligen Zeit. Dazu ein Schaffell und der Stil ist perfekt!

RECHTS.
Dieses Jungendzimmer ist eine perfekte Mischung aus zeitgenössischen Möbeln wie dem Hochbett und Vintage-Elementen, die über die Jahre auf verschiedenen Flohmärkten zusammengetragen wurden. Ein neu lackierter Schulschrank, eine alte geflochtene Wiege und weitere ehemalige Schulmöbel finden hier eine neue Verwendung und werden brillant in Szene gesetzt.

Das gesamte Mobiliar dieses Zimmers, einschließlich dem Schreibtisch und den Stühlen von Émile Baumann, besteht aus Flohmarktfunden, die mit viel Liebe zum Detail hergerichtet wurden. Bestimmte Möbel wie der Kleiderschrank und die kleine Kommode wurden in einem dezenten Altrosa lackiert und bilden so ein originelles Duo im Stil der Zeit.

DIESE SEITE.
Das Zimmer ist voll von renovierten Second-Hand-Möbeln und markanten Objekten im Industriestil. Ein Garderobenschrank aus einer alten Fabrik, ein Arbeitstisch aus Metall, ein Gartenstuhl von Tolix aus den 1960er-Jahren und eine Tischleuchte von Jieldé finden in diesen vier Wänden harmonisch zusammen. Als Pinnwand dient die alte Tür einer Ente – und versetzt uns dabei in die 1960er-Jahre, als das Kultauto von Pierre Boulanger (1948) seine glorreichen Jahre erlebte.

RECHTS.
Der Nachttisch mit drei Schubladen und nach außen gerichteten Füßen und der charaktervolle Nierentisch erinnern sofort an die 1950er-Jahre und verleihen dem Zimmer einen klaren Vintage-Touch. Mit ihrer neuen Farbe in Taupe fügen sie sich außerdem wunderbar in den zeitgenössischen Stil ein.

In diesem Zimmer wurden die verschiedensten Elemente bunt zusammengewürfelt, um einen Raum für Spiel und Spaß zu schaffen. Das Geheimnis: Leuchtende Farben, verschiedenste Motive und eine knallige Tapete zum Überziehen langweiliger Regale, das alles kombiniert mit einigen Industriestil-Objekten wie den lackierten Metallregalen „Tomado" aus den 1960er-Jahren, einem Bett aus Schmiedeeisen und stapelbaren Aufbewahrungsboxen aus Stahl in modernen Farben. Eine Mischung, die funktioniert!

KINDERZIMMER / 139

LINKS.
Die zeitgenössischen, schlichten Möbel wurden in dem ultramodernen Mädchenzimmer mit ausgewählten Retro- und Designer-Objekten kombiniert: Schreibtischstuhl „Butterfly" von Karim Rashid (Magis) aus ABS und Metall, Retro-Schreibtischleuchte, Flohmarktbettwäsche mit Blumenmotiv und Stockpferde aus Holz und Stoff als Vertreter des Vintage-Stils.

DIESE SEITE.
Um jeglichen Stilbruch mit den weißen Wänden und dem grau lackierten Tragwerk zu vermeiden, wurde der alte Apothekerschrank dieses schlichten Jugendzimmers hellgrau lackiert. Der als Schreibtischstuhl genutzte alte Hocker, ein Flohmarktfund, wartet wie immer sehnsüchtig auf die Hausaufgabenzeit ...

Der unbestreitbare Charme dieses Zimmers ist vor allem den farbigen Designer-Elementen und 1950er-Jahre-Funden zu verdanken. Zum Repertoire gehören der himmelblaue Stuhl „DSR" von Charles & Ray Eames (Vitra), blendend kombiniert mit einem blau-weißen Vintage-Schreibtisch aus Formica, ein rot, gelb und blau lackiertes Hängeleuchtentrio und eine gelbe Schreibtischleuchte von Jieldé.

06
Badezimmer

Badezimmer

Seit den 1950er-Jahren haben sich auch unsere Badezimmer tiefgreifend verändert. Sie sind nicht nur funktioneller, sondern auch offener für diverse stilistische Einflüsse geworden. Ein ganz zentrales Element bei deren Gestaltung ist natürlich die Wahl der Fliesen: von Unifarben über pastellartige Blau- und Grüntöne bis hin zu kräftigen Nuancen mit oder ohne Muster. Wie in den 1960er-Jahren liegen Mosaikfliesen wieder hoch im Trend, genauso wie Zementfliesen, deren Muster sich an modernen Entwicklungen und bisweilen an der Kunst des Filmemachens orientieren. Auch die typisch weißen „U-Bahn-Kacheln", die Anfang des Jahrhunderts in zahlreichen U-Bahn-Stationen angebracht wurden, tauchen in verschiedenen Farbvarianten wieder auf. Ausgehend von diesen verschiedenen Arten der Wandbekleidung werden die Badezimmer von heute mit Industriemöbeln und emblematischen Designerelementen kombiniert zu kunstvollen Räumen.

BADEZIMMER / 147

LINKS.
Die ganze Charakterstärke dieses Badezimmers im Dachgeschoss ist den Zementfliesen zu verdanken, deren Muster an die Fünfzigerjahre und an die damals sehr prägende Faszination für das Filmemachen erinnert. Die ersten Filme spielten mit dem Kontrast zwischen Schwarz und Weiß, und auch im 21. Jahrhundert ist und bleibt das Filmemachen eine ganz besondere Kunstform – handelt es sich doch um ein Bild, das sich tatsächlich zu bewegen scheint, obwohl die Linien an sich unbeweglich sind. Der Designklassiker „Componibili" von Anna Castelli Ferrieri (1967, Kartell) dient als stilvolles Aufbewahrungselement.

DIESE SEITE.
Das farbintensive Badezimmer ist von den unifarbenen Fayence-Fliesen inspiriert, die in den 1950er- und 1960er-Jahren weit verbreitet waren. Damals dominierten vor allem Lachsrosa, Hellgrün und Hellblau, und zwar nicht nur als farbige Akzente, sondern als Einheitsfarbe für den ganzen Raum, angefangen vom Bidet über die Badewanne bis hin zum Waschbecken. Die Kombination aus Blautürkis und Smaragdgrün in diesem Badezimmer erinnert ein bisschen an ein Schwimmbad.

DIESE SEITE.
Mit seiner dezenten Mosaikgestaltung (Émaux de Briare), ganz in Weiß an den Wänden und Schwarz-Weiß im Bodenbereich, greift das elegante Badezimmer den Stil der 1930er-Jahre auf. Zwei Wandleuchten vom Flohmarkt sorgen in aller Schlichtheit für das nötige Licht.

RECHTS.
Dieses hübsche, vom Jugendstil inspirierte Badezimmer präsentiert sich als kleine Wohlfühloase. Umgeben von verschiedenen Grautönen thront auf edlen Füßen eine Badewanne, während der zeitlose Sessel „Barcelona" von Ludwig Mies Van der Rohe (Knoll) eine überaus einladende Sitzgelegenheit bietet. Das Kultobjekt aus Leder wurde ursprünglich für die 1929 in Barcelona stattfindende Weltausstellung entworfen.

150 / BADEZIMMER

Schon gewusst?

„String" – nicht nur in Schweden ein Regalsystem mit Kultstatus – wurde 1949 vom schwedischen Architekten Nils Strinning entworfen, einer Ikone der skandinavischen Designerwelt. Das modulare System ist leicht, passt auch zum minimalistischen Stil und hat sich seinen Platz auf dem Olymp der Zeitlosigkeit mehr als verdient. Der Entwurf ist seit 1949 unverändert und wird nach wie vor in Schweden hergestellt.

DIESE SEITE.
Die Regale der holländischen Marke Tornado, die ihren Durchbruch in den 1950er-Jahren mit einem innovativen, modularen Regalsystem schaffte, sind im minimalistischen Stil und in zeitlosen Primärfarben gehalten. Das Regal mit Kultstatus ist ideal für Räume im Vintage-Stil mit skandinavischen Akzenten. Hier schmückt es ein Kinderbadezimmer, zu dem die charakteristischen, kräftigen Farben der Regalböden perfekt passen.

RECHTS.
Die Gestaltung mit Mosaiksteinen war besonders in den 1960er-Jahren beliebt. Hier finden sie in einem Badezimmer in kräftigem Grün Anwendung, das an die Trendfarben der 1950er- und 1960er-Jahre erinnert. Ursprünglich war der Hersteller der Mosaikfliesen, Émaux de Briare, auf Knöpfe und Perlen spezialisiert, schwenkte nach einigen schwierigen Jahren in den Fünfzigern allerdings auf die Fertigung von Mosaiksteinen um. Heiß geliebt von den Architekten der Zeit, waren Mosaike in den Badezimmern der 1960er-Jahre weit verbreitet. Damals hatte die Firma in Frankreich einen Marktanteil von 60%.

BADEZIMMER / 153

LINKS.
Das kleine Badezimmer ist mit einem wunderschönen Fliesenboden aus Zementfliesen im Patchwork-Stil ausgestattet. An der Wand hängt ein Spiegel vom Flohmarkt und dazwischen trägt eine starke Platte aus wiederverwertetem Holz das klassisch weiße Waschbecken.

DIESE SEITE.
Ein modernes Betonelement umrahmt den maßgefertigten Badezimmerschrank, der mit seiner eleganten Holzoptik ganz klar im Rampenlicht steht. In Nussbaum gefertigte Möbel waren vor allem in den 1950er- und 1960er-Jahren beliebt und erleben heute unter Vintage-Liebhabern eine kleine Renaissance.

154 / BADEZIMMER

DIESE SEITE.
Ein Badezimmer ganz im Vintage-Stil: ein zeitloser Marmorboden und typische Armaturen von früher, kombiniert mit einer modernen, freistehenden Badewanne. Gelungen für dieses Traumobjekt am Meer!

RECHTS.
Die Beliebtheit von Zementfliesen bricht und bricht nicht ab. Kein Wunder, denn sie lassen sich mit unzähligen Stilrichtungen kombinieren! Die arabeske Variante in diesem Badezimmer nimmt den ganzen Boden sowie einen Teil der Wand ein und wird an einer Seite mit grauen „U-Bahn-Kacheln" kombiniert. Das Waschbecken ruht auf einer schönen Ablagefläche aus wiederverwerteten Massivholzbrettern und darunter dienen blaue Vintage-Boxen aus Metall als Aufbewahrungsfächer.

BADEZIMMER / 157

LINKS.
Dieses Badezimmer ist eine Hommage an die geometrischen Figuren in Schwarz und Weiß und die rundlichen Formen der 1960er- und 1970er-Jahre. Während ein schwarzer Ledersessel vom Flohmarkt einen tollen Kontrast zur weißen Badewanne erzeugt, rundet der Betonfußboden in Anthrazit den Stil perfekt ab.

DIESE SEITE.
Der schicke Retro-Stil dieses Badezimmers ist einfach, aber sehr gelungen. Das weiße, langgezogene Waschbecken, das unweigerlich an die Gemeinschaftsbäder aus der Schulzeit erinnert, wird von wiederverwerteten Zementfliesen mit schwarz-weißem Muster umgeben und um das Nützliche mit dem Schönen zu vereinen, wurden an die weiße Wand originelle Spiegel vom Flohmarkt gehängt.

07
Arbeitszimmer

Arbeitszimmer

Eigens dafür eingerichtete Arbeitsplätze sind aus vielen Haushalten heutzutage nicht mehr wegzudenken – noch ein Raum mehr zum Platzieren schöner Möbel! Ein skandinavischer Schreibtisch vom Flohmarkt mit schlichten Linien, ein Tisch mit ausziehbaren Ablagen oder ein zeitloser Postschrank mit Metallfächern? Warum nicht! Kombinieren Sie alte Möbel mit modernen Designerstühlen von Philippe Starck (Kartell) oder Hockern von Nicolle, Bienaise oder Tolix und schaffen Sie bewusst ungleiche Paare. Mit verstellbaren oder auch nicht verstellbaren Schreibtischleuchten wie den Kultobjekten von Jieldé, Gras (DCW) oder Jumo runden Sie den Stil ab. Und zögern Sie dabei nicht, verschiedene Epochen und Stilrichtungen miteinander zu kombinieren!

ARBEITSZIMMER / 163

LINKS.
Um den Lichteinfall und den Blick nach draußen nicht zu beeinträchtigen, sind die Möbel dieses zum Garten offenen Arbeitszimmers aus Glas und transparentem Polycarbonat gefertigt. In der Mitte des Zimmers lädt der organisch geformte Drehstuhl „Eros" von Philippe Starck (Kartell) je nachdem zum Arbeiten oder Betrachten des schönen Gartens ein.

DIESE SEITE.
Eine Arbeitsecke in der Küche – eine gute Idee! Hier wurden eine alte Werkbank aus Holz und Gusseisen und der dazugehörige Hocker mit seinen charakteristischen Füßen, beide einst in einer Fabrik des Nähmaschinenherstellers Singer zu Hause, in eine einzigartige Schreibtischkombination verwandelt. Darüber wacht eine gebrauchte Wandleuchte aus den 1960er-Jahren, die dem Bereich Licht spendet und ihn stilistisch vollkommen macht.

ARBEITSZIMMER / 165

LINKS.
Dieser kleine Arbeitsbereich wurde mit schicken Flohmarktmöbeln aufgepeppt: ein alter Schreibtisch aus den 1960er-Jahren mit Schubladen und ausklappbarer Ablage links, einer ausziehbaren Ablage zwischen Schublade und Tischplatte, und dazu der Holzstuhl „Casala" aus den 1950er-Jahren.

DIESE SEITE.
Der von drei Wohnzimmerwänden ganz ohne Tischbeine gehaltene Schreibtisch ist ein herrliches Beispiel für Leichtigkeit und Eleganz. Darüber rahmen vier kleine Regale das Fenster mit Blick ins Grüne ein und dienen als Ablage für Bücher, Bilder aus dem 19. Jahrhundert und andere kuriose Gegenstände. Davor stehen zwei Exemplare des famosen Klappstuhls „Folding Chair", der 1932 vom dänischen Designer Mogens Koch (Carl Hansen & Son) entworfen wurde. Für die nötige Beleuchtung sorgen eine dänische Stehlampe und eine italienische Stehleuchte aus den 1970er-Jahren (rechts).

Das Familienarbeitszimmer ist in der ehemaligen Scheune untergebracht und begeistert mit einigen besonders charaktervollen Objekten: Der Polycarbonatsessel „Eros" von Philippe Starck (Kartell) mit Metallgestell auf Rollen, die Schreibtischleuchte „Tizio Micro" von Richard Sapper (Artemide) aus lackiertem Polycarbonat und ein sogenannter „Architektentisch" aus zweiter Hand schaffen eine moderne und einladende Atmosphäre, die perfekt zu der Mauer aus sandgelben Steinen passt.

168 / ARBEITSZIMMER

DIESE SEITE.

Der vom Architekten in das Kopfteil des Betts integrierte Schreibtisch aus Holz spricht die Formsprache von Charlotte Perriand, der berühmten Architektin und Designerin des 20. Jahrhunderts. Der Stuhl „Plywood Group DCW" aus Formschichtholz in Esche geht auf einen 1945 und 1946 entstandenen Entwurf von Charles & Ray Eames zurück und ermöglicht ein entspanntes und bequemes Arbeiten (Architektur: Laurent Karst).

RECHTS.

Das helle Holz dieses Schreibtischs aus den 1940er-Jahren entfaltet in dem von Schwarz, Weiß und grafischen Mustern dominierten Raum eine angenehm wärmende Wirkung (Bild: Duquesne, Galerie Colette Dubois).

ARBEITSZIMMER / 171

LINKS.
Ein Haus aus den 1850er-Jahren mit umwerfendem Retro-Charme! Die Besitzer sind begeisterte Vintage-Fans und entschieden sich bei der Gestaltung des Arbeitszimmers für eine Kommode aus den 1950er-Jahren zur Ablage von Dokumenten und Büchern, einen Schreibtisch aus den 1950er-Jahren im skandinavischen Stil und einen Bistrostuhl aus geschwungenem Holz aus den 1960er-Jahren.

DIESE SEITE.
Das Arbeitszimmer dieses modernen Hauses ist einfach und funktionell. Es besteht aus einem modernen Schreibtisch in hellem Holz, alten Metallregalen von einer Baustelle und einem neu gepolsterten Sessel aus den 1970er-Jahren zum Lesen und Entspannen.

172 / ARBEITSZIMMER

DIESE SEITE.
Für die Einrichtung des Arbeitszimmers ihres Ferienhauses trugen die Besitzer einige besondere Vintage-Stücke zusammen: einen amerikanischen Drehsessel aus den 1950er-Jahren, den alten Tisch eines Tuchhändlers und einige gebeizte und weiß lackierte Fensterläden, die zu Schranktüren umfunktioniert wurden (Bild: Valérie Chain).

RECHTS.
Auch wenn der Platz begrenzt ist: Der kleine Sekretär „Scriban" von Margaux Keller macht sich hier blendend! Mit seinen nach außen verlaufenden Tischbeinen, die typisch für die 1950er-Jahre sind, ist das aus geölter Eiche hergestellte Schmuckstück ein echter Hingucker.

08

Kleine Stilkunde

Die 1950er-Jahre

Die Nachkriegszeit war eine Zeit des Optimismus, die von einem starken Anstieg der Kaufkraft geprägt war. Erstmals entstand eine Gesellschaft, in der Konsum und Freizeit eine immer wichtigere Rolle einnahmen. Die Hausrat herstellende Industrie, das Design und der ganze Lebensstil der Menschen erfuhren eine tiefgreifende Veränderung. Eine neue Ära war angebrochen – eine Zeit des Überflusses, die den Lebensalltag vieler Menschen verbesserte und gleichzeitig die Kreativität der Designer anspornte. Es erschienen Frauenzeitschriften, die bei Hausfrauen heiß begehrt waren und in denen all die neuen Geräte und Hausratsgegenstände präsentiert wurden, die den Frauenalltag mit einem Schlag vereinfachen sollten. Der Fernseher brachte Stars und Sternchen direkt in das Wohnzimmer und so verlangte die Zeit nach mehr Komfort und Möbel mit weicheren und organischeren Formen (Beistelltische, Sofas, Sessel u. a.). Nach Jahren des Verzichts waren die neuen, funktionellen Möbel eine wahre Offenbarung.

Eine neuartige Generation von Materialien und Herstellungstechniken bahnte sich ihren Weg und erschloss damit eine ganz neue Welt an Farben und Formen. Günstige, massenhaft produzierte Modelle wurden Realität. Mit ihren zahlreichen Vorteilen eroberten schließlich Sperrholzplatten die Welt des Designs: Sie sind leichter als Massivholz, aber genauso beständig und widerstandsfähig, und lassen die verschiedensten Verarbeitungstechniken und Farben zu. Die Erfindung des Rundbiegens von Sperrholz verdanken wir beispielsweise den Designern Charles & Ray Eames, die mittels dieser Technik ihren Stuhl „LCW" (Lounge Chair Wood) formten. Mit dem technischen Fortschritt vervielfältigten sich auch die Möglichkeiten der Metallverarbeitung und es entstanden etwa Stühle aus Drahtgeflechten wie der „Diamond Chair" von Harry Bertoia (1953). Als der Werkstoff Aluminium immer mehr an Bedeutung gewann, wurden die Modelle leichter, wie am Beispiel des „Navy Chair" von Emeco erkennbar. Abseits der Verwendung von Metallen tauchten nun „einhüllende" Formen auf, etwa Sitzschalen aus Glasfaser, kombiniert mit neuartigen Schaumstoffen, die sich perfekt an die Körperform anpassen (Sessel „Egg" von Arne Jacobsen, 1957).

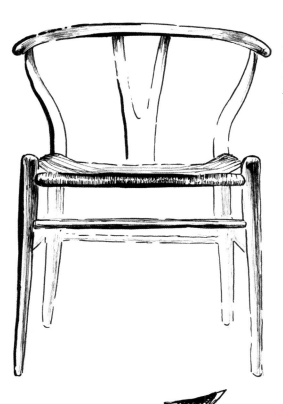

Der Stuhl „CH24", auch „Y-Chair" genannt, hat eine gabelähnliche Form und besteht aus einem Holzgestell und einer aus Stroh geflochtenen Sitzfläche. Er wurde von Hans Wegner entworfen und von Carl Hansen & Son vertrieben.

Der Stuhl „Fourmi" von Arne Jacobsen (1952), dessen Form an eine Ameise (frz. „fourmi") erinnert, wurde 1952 für die Kantine eines Pharmaunternehmens (Novo Nordisk) entworfen.

Die dreiarmige Leuchte von Serge Mouille (1952), halb Insekt und halb Zweig, besteht aus drei Metallköpfen. Die Kultleuchte bildete den Auftakt zu einer wichtigen Kollektion namens „Les formes noires", deren Modelle im Laufe des Jahrzehnts nach und nach herausgebracht wurden. Kennzeichnend für diese Leuchte sind die mobilen und organischen Leuchtköpfe, die auf dünnen Gestängen montiert waren. Heute werden jährlich nur noch 1.000 Exemplare hergestellt und auf der ganzen Welt vertrieben. Es sind Leuchten, die noch nach den Regeln der Technik der 1950er-Jahre gefertigt werden: Das Metall wird noch auf denselben Formen von damals zurechtgehämmert, die Proportionen, das Material und die Herstellungstechnik sind unverändert.

Die Blütezeit des skandinavischen Designs

In den 1950er-Jahren erlebte das skandinavische Design eine Blütezeit und etablierte sich als wichtiger Bezugspunkt – in Europa gilt es als Inbegriff des „guten Geschmacks". Hinter den modernistischen, funktionellen und organisch geformten Möbeln, die auch heute noch absolut stilbestimmend sind, steckten bekannte Größen wie Arne Jacobsen, Verner Panton, Alvar Aalto und viele andere.

*Die Stehleuchte „Arco" der Brüder Castiglioni
(1962) ist ein absoluter Klassiker des Designs.
Sie besteht aus einer Basis aus weißem Carrara-
Marmor und einem überdimensionalen Bogen
aus rostfreiem Stahl (H 232 cm x B 220 cm).*

Die 1960er-Jahre

In den 1960er-Jahren wird die alte Wertesammlung gründlich abgestaubt. Man träumt den amerikanischen Traum, glaubt an Flower-Power und hört erste Popmusik, man improvisiert und will originell sein. Die Eroberung des Weltalls und der technische Fortschritt wecken die Faszination für Science-Fiction, die Formen werden runder, folgen Zickzacklinien und die Farben werden knalliger.

Zu den einschneidendsten Entwicklungen in diesen Jahren der Sorglosigkeit gehört ohne Zweifel der unaufhaltsame Siegeszug des Kunststoffs: Die Möbelindustrie profitiert von den niedrigen Ölpreisen und lässt zahlreiche auf Öl basierende Materialien entstehen, etwa ABS (ein stabiler Kunststoff, der durch ein innovatives Spritzverfahren in nur einem Schritt geformt werden kann), Polyethylen und andere Thermoplaste. Stabile, leichte und günstige neue Werkstoffe in den verschiedensten Farben kommen auf den Markt und lassen verspielte, anthropomorphe Formen zu. Der bekannte „Panton Chair" (1967) von Verner Panton ist sicherlich die schönste technologische Errungenschaft dieser Dekade. Er war der erste freischwingende Kunststoffstuhl der Welt, der in einem Stück geformt wurde und noch dazu stapelbar war. Die 1960er-Jahre waren auch von Protestbewegungen geprägt, die den Funktionalismus der vorhergehenden Jahrzehnte ablehnten. Eine Vorliebe für das Extravagante, für originelle und visuelle Formen macht sich breit und lässt Funktionalitätsargumente in den Hintergrund treten.

Die Künstler der Zeit beziehen ihre Inspiration aus der neuen Science-Fiction-Faszination und schaffen futuristische Objekte und Möbel mit vorwiegend ovalen, zylindrischen und runden Formen. Die 1960er-Jahre sind auch die Geburtsstunde der Pop-Art, die sich mit Themen und Techniken der neuen Alltagskultur beschäftigte (Werbung, Comics etc.) und auch für die Welt des Designs bedeutsam war.

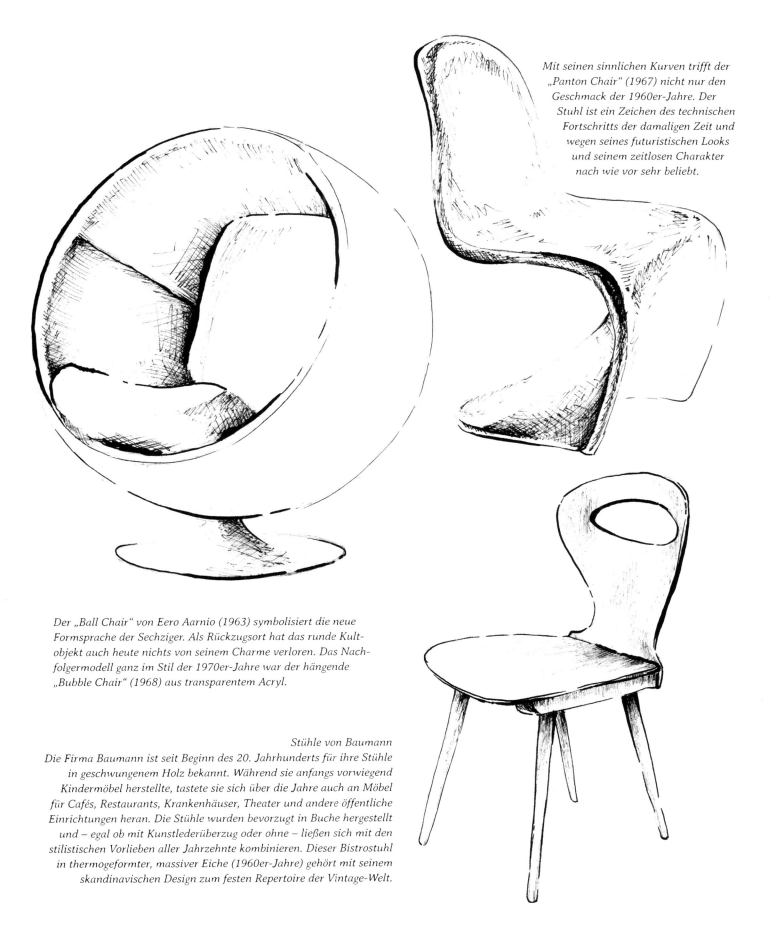

Mit seinen sinnlichen Kurven trifft der „Panton Chair" (1967) nicht nur den Geschmack der 1960er-Jahre. Der Stuhl ist ein Zeichen des technischen Fortschritts der damaligen Zeit und wegen seines futuristischen Looks und seinem zeitlosen Charakter nach wie vor sehr beliebt.

Der „Ball Chair" von Eero Aarnio (1963) symbolisiert die neue Formsprache der Sechziger. Als Rückzugsort hat das runde Kultobjekt auch heute nichts von seinem Charme verloren. Das Nachfolgermodell ganz im Stil der 1970er-Jahre war der hängende „Bubble Chair" (1968) aus transparentem Acryl.

Stühle von Baumann
Die Firma Baumann ist seit Beginn des 20. Jahrhunderts für ihre Stühle in geschwungenem Holz bekannt. Während sie anfangs vorwiegend Kindermöbel herstellte, tastete sie sich über die Jahre auch an Möbel für Cafés, Restaurants, Krankenhäuser, Theater und andere öffentliche Einrichtungen heran. Die Stühle wurden bevorzugt in Buche hergestellt und – egal ob mit Kunstlederüberzug oder ohne – ließen sich mit den stilistischen Vorlieben aller Jahrzehnte kombinieren. Dieser Bistrostuhl in thermogeformter, massiver Eiche (1960er-Jahre) gehört mit seinem skandinavischen Design zum festen Repertoire der Vintage-Welt.

Die 1970er-Jahre

Als Erben von Flower-Power und der 68er-Bewegung zeichnen sich die 1970er-Jahre durch einen sorglosen Lebensstil der jungen Generation aus, die in dieser neuen Welt das Moderne sucht. Die Zeit des wirtschaftlichen Aufschwungs ebbt ab und 1973 folgt die erste Ölkrise, die sowohl Europa als auch die USA in eine Notlage versetzt, welche eine Umstrukturierung der Industrie und massenhafte Arbeitslosigkeit mit sich zieht. Es handelt sich um politisch und sozial unruhige Jahre, in denen nicht nur das Bewusstsein für Umweltfragen, sondern auch das Bedürfnis nach Veränderung wächst. Die Punk-Bewegung wird geboren und das Gefühl von Freiheit und Provokation dringt tief in die Gesellschaft ein.

Bald schlagen sich die Reaktionen auch in der Welt des Designs nieder, wo Komfort und runde Formen in den Vordergrund treten. Möbel, Leuchten und andere Gegenstände nehmen weichere Konturen an, präsentieren sich aber in noch nie dagewesener Formung. Beispiele dafür sind etwa der 1971 von Pierre Paulin für die Apartments von Claude und Georges Pompidou entworfene Sessel „Pumpkin" und das berühmte Sofa „Togo" von Michel Ducaroy (1973).

Die Farben der Stunde sind ebenfalls kräftig: Es dominieren Orange, Rot, Rosa und Grün. Wie in der Mode sind auch die Wandbekleidungen und Textilien im Design von großflächigen geometrischen sowie psychedelischen Motiven gekennzeichnet. In der Herstellung greift man viel zu Kunststoffen wie Plexiglas, Kunstharz oder Vinyl – und dem brandneuen Formica, das sich vor allem in der Fertigung von Küchenmobiliar durchsetzt. Die Menschen erkunden neue Möglichkeiten, Stile und Materialien und richten ihre Häuser bewusst unkonventionell ein – der Beginn einer neuen Ära!

Stehlampe „Nesso"
Die Stehlampe „Nesso" von Giancarlo Mattioli war in den 1970er-Jahren ein echter Bestseller. Seine Pilzform ist absolut einzigartig und mit keinem klassischen Modell vergleichbar. Der Star der „Kunststoffjahre" belegte beim Wettbewerb des Studio Artémide/Domus anlässlich der Mailänder Möbelmesse 1965 den ersten Platz und wird auch heute noch von Artémide vertrieben.

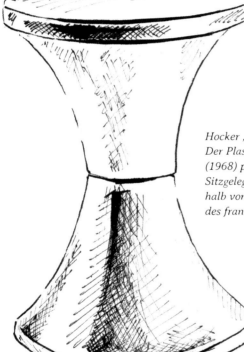

Hocker „Tam Tam"
Der Plastikhocker des französischen Designers Henry Massonnet (1968) prägt die 1970er-Jahre wie kaum ein anderes Möbelstück. Die Sitzgelegenheit war ursprünglich für Fischer gedacht und wurde innerhalb von zehn Jahren zwölf Millionen Mal verkauft. Eine wahre Ikone des französischen Designs!

Stuhl „Groovy"
Der 1972 vom berühmten Designer Pierre Paulin entworfene Stuhl „Groovy" ist mit seiner Form und knalligen Farbe ein Paradebeispiel für den Stil der 1970er-Jahre. Das Schalendesign von zeitloser Schönheit zeichnet sich vor allem durch seine sanften und einladenden Wölbungen aus. Der Stuhl wird wie schon damals von Artifort vertrieben.

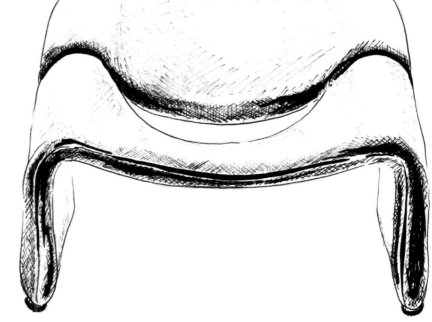

Adressen *

VINTAGE-SHOPS

Atelier 159
www.atelier159.com

Atelier Brunette
www.atelierbrunette.com

Atelier Charivari
ateliercharivari.canalblog.com

Authentiquité
www.authentiquite.com

Boutique 1962
http://generation1962.blogspot.fr/

Brocante de la Bruyère
www.brocantedelabruyere.com

Brocantelab
www.brocantelab.com

Chez les Voisins
www.chezlesvoisins.fr

Design Market
www.design-market.fr

Espace Nord Ouest
www.espacenordouest.com

Esprit du Cap
www.espritducap.com

Galerie Mobler
www.galerie-mobler.com

Hiving Room
110 ter, rue Marcadet 75018 Paris -
www.hivingroom.com

L'Atelier du Petit Parc
www.atelierdupetitparc.fr

L'Empreinte
www.lempreinte-decoration.fr

L'Horloge Penchée
www.horloge-penchee.com

L'Or du Temps (Industriemöbel)
www.ldt-mobilier-industriel.com

La Maison Marseillaise
+33 4 91 55 54 43
www.lamaisonmarseillaise.com

Les Vieilles Choses
www.lesvieilleschoses.com

Madame La Broc
www.madamelabroc.com

Mademoiselle Chine
www.mademoisellechine.fr

Petite Belette
www.petitebelette.com

Rosycabroc
www.rosycabroc.com

Viviane Vintage
www.vivianevintage.com

Zocaa
www.zocaa.com

MÖBEL

Airborne
www.airborne.fr

Arflex
www.arflex.it

Artémide
www.artemide.com

B&B Italia
www.bebitalia.it

Carl Hansen & Son
www.carlhansen.com

Cassina
www.cassina.com

Chaise Nicolle
www.chaises-nicolle.fr

Design Ikonik
www.design-ikonik.com

Fritz Hansen
www.fritzhansen.com

Kann Design
www.kanndesign.com

Kare Design
www.kare-design.com

Kartell
www.kartell.com

Knoll International
www.knoll.com

La Boutique Danoise
264, boulevard Saint-Germain
75007 Paris
+33 1 42 39 48 40
www.laboutiquedanoise.com

Lampe Gras DCW
www.lampegras.fr

Lampe Jieldé
www.jielde.com

Love Creative People
www.lovecreativepeople.com

Made.com
www.made.com

Made In Design
www.madeindesign.com

Magis Design
www.magisdesign.com

Martinelli Luce
www.martinelliluce.it

Poliform
www.poliform.it

Red Edition
www.rededition.com

Scandinavia Design
www.scandinavia-design.fr

Sentou
www.sentou.fr

Silvera
www.silvera.fr

Thonet
www.thonet.de

Tolix
www.tolix.fr

Vitra
www.vitra.com

Yota Design
www.yota-design.com

MESSEN UND FLOHMÄRKTE

La Foire de Chatou
www.foiredechatou.com (Ile de France)

Les Puces de Saint-Ouen
www.marcheauxpuces-saintouen.com
(Ile de France)

Les Puces de Vanves
www.pucesdevanves.fr (Ile de France)

Les Puces du Canal
www.pucesducanal.com (Lyon)

Les Puces du Design
www.pucesdudesign.com (Paris)

ARCHITEKTUR UND INNENEINRICHTUNG

Agence Lieu-dit
architecture et décoration intérieure –
www.lieu-dit.com

Architecte DPLG Philippe Demougeot
www.philippedemougeot.com

Architecte Maurice Padovani
www.padovani.fr (Marseille)

Architectures in situ
Isabelle Chesneau
+33 2 35 08 20 50
www.architectures-in-situ.com

Gaelle Cuisy und Karine Martin
www.gplusk.fr

Gallet architectes
www.architectes-lyon.com

Gunilla Guiraud-Ronneke
+33 4 66 22 06 65

Laurent Karst (Atelier 16)
+33 1 42 51 42 06
www.atelier16-architectures.com

Marc Soppo Priso
93, rue Jean-Jaurès 92800 Puteaux

Nathalie Dhenin
+33 3 20 40 68 56

Patricia Lasserre architecte d'intérieur
www.creadevolution.fr (Lyon)

Philippe Puron
+33 6 85 74 95 56 oder +33 4 91 42 07 41
www.philippepuron.com

Vanessa Faivre
www.vanessafaivre.com

FARBEN UND TAPETEN

Cole & Son
www.cole-and-son.com

Élitis
www.elitis.fr

Farrow & Ball
www.farrow-ball.com

Funky Walls
www.funkywalls.be

Orla Kiely
www.orlakiely.com

Papier peint des années 1970
www.papierpeintdesannees70.com

Petit Pan
www.petitpan.com

Ressource
www.ressource-peintures.com

The Little Greene
www.littlegreene.fr

Vintage Wallpapers
www.vintagewallpapers.be

UNTERKÜNFTE

Chez Ric et Fer
www.chezricetfer.com

* Keine Garantie auf Vollständigkeit

Impressum

Bildnachweise

Fotos: Edith Andreotta (S. 51, 73, 74, 92/93, 163, 169); Patrice Binet (S. 35, 60, 103, 136–138); Bruno Boigontier (S. 69); Frenchie Cristogatin (S. 2, 28, 34, 77, 118, 166/167); Sylvie Durand (S. 63, 119, 139); Julien Fernandez (S. 78/79); Olivier Hallot (S. 24/25, 36/37, 56/57, 81, 95, 115–117, 125, 134/135, 146, 155, 168); Lisa Keome (S. 14, 22/23, 38/39, 58, 162); Sophie Lloyd (S. 7, 15, 32/33, 46, 59, 68, 86–89, 91, 171); Philippe Louzon (S. 26/27, 97–99, 110); Erwin Mastalier (S. 52/53, 80, 107, 153, 156, 172); Alexandre Réty (S. 48/49, 66, 84/85, 106, 147, 151); Christophe Rouffio (S. 8–11, 16–21, 29–31, 43–45, 50, 54/55, 61–62, 64/65, 67, 76, 82/83, 90, 94, 96, 111–113, 120/121, 126–133, 140/141, 145, 148/149, 154, 157, 161, 164/165, 173); Alexis Toureau (S. 12/13, 108/109, 114); Pierre-Jean Verger (S. 104/105); Jean-Marc Wullschleger (S. 47, 75, 150, 152, 170)
Illustrationen: Hélène Le Berre (S. 174–181)

Für die deutsche Ausgabe:
Übersetzung: WeSwitch Languages, Romina Russo Lais und Katherina Polig
Satz: Arnold & Domnick, Leipzig
Umschlaggestaltung: Olaf Johannson, spoondesign, Langgöns
Produktmanagement und Lektorat: Christine Rauch
Druck und Bindung: Livonia Print SIA, Lettland

© Lifestyle BusseSeewald in der frechverlag Gmbh, Turbinenstraße 7, 70499 Stuttgart, 2016

Die französische Originalausgabe erschien 2015 unter dem Titel *Esprit Vintage* bei Éditions Massin collection Art & Décoration – Société d'Information et de Créations (SIC).

Angaben und Hinweise in diesem Buch wurden von den Autorinnen und den Mitarbeitern des Verlags sorgfältig geprüft. Eine Garantie wird jedoch nicht übernommen. Autorinnen und Verlag können für eventuell auftretende Fehler oder Schäden nicht haftbar gemacht werden. Das Werk ist urheberrechtlich geschützt. Die Vervielfältigung und Verbreitung ist, außer für private, nicht kommerzielle Zwecke, untersagt und wird zivil- und strafrechtlich verfolgt. Dies gilt insbesondere für eine Verbreitung des Werkes durch Fotokopien, Film, Funk und Fernsehen, elektronische Medien und Internet sowie für eine gewerbliche Nutzung.

1. Auflage 2016

ISBN: 978-3-7724-7423-1 • Best.-Nr. 7423